シリーズ ふるさと春日井学
②

名古屋陸軍造兵廠鷹来製造所

春日井から見た
"まちづくり・大学づくり・ものづくり"

「ふるさと春日井学」研究フォーラム

渋井 康弘、金子 力
大脇 肇

JN119548

三恵社

はしがき

　本書は、春日井の史実を掘り起こしてきた「ふるさと春日井学」研究フォーラムの研究成果＝「ふるさと春日井学」シリーズの第2弾です。この第2弾では、春日井の鷹来にあった名古屋陸軍造兵廠鷹来製造所に注目しながら、その建設とともに進められた春日井の市制施行、製造所施設に落とされた特殊な爆弾、製造所施設が戦後に大学になった経緯などを追います。そしてそれらの全体を、ものづくり愛知の歴史の中に位置付けます。いわば「まちづくり」「大学づくり」「ものづくり」——この3つが春日井の鷹来製造所を軸に明らかにされていくわけです。

　まるで語呂合わせのようですが、よりあわされたその3本の糸を辿っていくと、読者の皆さんはきっと愛知の歴史、日本の歴史、世界の歴史の一端を、これまでには見たことのなかった角度から見ることになると思います。

　なぞかけのような「はしがき」になってしまいましたが、長々と説明していてもなぞが深まるばかりでしょう。どうぞページを開いて、なぞときへとお進みください。

目　次

1. 鷹来工廠と私たち

渋井 康弘

　愛知県春日井市鷹来町字菱ヶ池4311-2。ここには名城大学の附属農場があります。主に農学部の学生が農場実習をする施設ですが、その歴史を辿ってみると、他学部の学生にとっても、市民にとっても、実に貴重な施設だということがわかります。多くの歴史的事実を学ばせてくれる、巨大な教材とも言えるような施設なのです。一体この施設がどのような歴史的意義を持つものなのか——これからご紹介しましょう。

（1）名古屋陸軍造兵廠鷹来製造所

　今、名城大学附属農場がある場所には、かつて名古屋陸軍造兵廠鷹来製造所（通称、鷹来工廠）という名の軍需工場がありました。1941（昭和16）年5月に名古屋陸軍造兵廠高蔵製造所の分工場として発足し、同年12月に名古屋陸軍造兵廠鷹来製造所に改められた軍需工場です。

　春日井市には名古屋陸軍造兵廠鳥居松製造所という軍需工場もありました。現在、JR中央線の春日井駅のすぐ近くに、線路に隣接して王子製紙の工場がありますが、この場所が鳥居松製造所のあったところです。その他にも春日井には、弾薬庫や兵器庫など、多くの陸軍関連施設がありました。春日井は陸軍の軍都だったのです。

　愛知県の豊川には、豊川海軍工廠という軍需工場がありました。第二次世界大戦中は艦船用・陸上用の機銃および弾薬の中心的製造拠点で、航空機用機銃も量産していた工場です。豊川は海軍の軍都だったのです。終戦直前には29工廠で5万7,000人ほどの人が働いており、1945（昭和20）年8月7日の空襲（時間にして25分ほど）で2,500人を超える従業者が

4

亡くなりました。その空襲の激しさは今も語り継がれているので、ご存知の方も多いかもしれません。

　陸軍の軍都・春日井市、海軍の軍都・豊川市。この両者は1943（昭和18）年6月1日に、同じ軍需工業都市として誕生しました（市制施行）。これから紹介する春日井というところが、戦時中はそのような意味を持つ都市だったということを、認識しておいてください。

　では鷹来製造所はどのような工場だったのでしょう。春日井駅から春日井一宮線という道に出て、しばらく北上すると右手に春日井市総合体育館が見えてきます。それを眺めながら斜め右に入る道が名城大学附属農場へ向かう道です。その道に入るとすぐに「名古屋陸軍造兵廠鷹来製造所跡」と書かれた碑が現れます（写真1）。地元の方でもご存じなかったりするのですが、道に面して建てられた大きな石碑です。

　石碑の裏側には、農地であった当地域が陸軍工廠用地となったいきさつや、従業員数、その内訳などが記されています。

　その道をしばらく直進すると、右手に農場への正門が現れます。左手に守衛室を見ながら正門を入ると、右斜め前方に農場の本館があります。農場の事務室や実習室、教室のある建物ですが、これはかつて鷹来工廠全体を統括する本館、司令塔として使われた建物です。戦後75年を経た今日でも、ほぼ当時のままの状態で残っていて、しかも現役の建物として使用されているのです(写真2。名城大学HPより)。

　この本館からの指示に従って稼働していた工場の敷地は、今日の農場の敷地の何倍もありま

写真1　名古屋陸軍造兵廠鷹来製造所跡

した。戦後になって名城大学
が工廠跡地を借り受けて使用
していたのですが、その後、敷
地が分割され、いくつかの施
設——春日井浄水場、パナソ
ニック関連工場、春日井市総
合体育館など——が建設されま

写真2　名城大学附属農場本館

した。名城大学附属農場はそれらと隣り合わせるようにして存在してお
り、今でも敷地全体の6分の1ほどを附属農場の敷地が占めています。

　図1と図2を見比べてみてください。図1は当時の工廠の配置図（『名
古屋陸軍造兵廠史・陸軍航空工廠史』506ページより）。図2が戦後の春
日井市都市計画図です。都市計画図では、名城大学附属農場は、左下の部
分になっています。次ページに現在の同じ場所の地図（図3。Googleマッ
プより）を掲載してみました。やはり農場が左下に見えます。

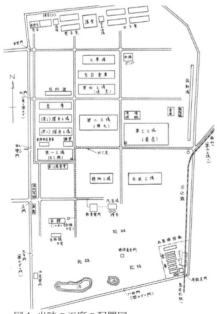

図1　当時の工廠の配置図

図2　戦後の春日井市都市計画図

図3 現在の地図

本館の建物を正面から見ると、上の方に壊れた時計があり、その下に星印らしきものがあります。これは大日本帝国陸軍の紋章の痕跡です。だいぶ形が崩れていますが、星の形ははっきり見て取れます。この施設がまぎれもなく陸軍工廠であったことを物語る印と言えるでしょう。

この本館は屋上が緑化されています。ここではイシモチソウをはじめとする希少植物が、農学部の先生方により大切に育てられています。農学部ならではの利用の仕方ですね。

ただしこの屋上は、農学部が利用する施設になる以前から緑化されていました。軍工廠だった戦時中も、ここは緑でいっぱいの屋上だったのです。「戦争中に何とも牧歌的」と思われるかもしれませんが、むしろ戦争中だからこそ緑化されていたのです。「屋上が緑化されていれば、空中から見た時に周囲の畑などと区別がつかないだろう」との判断により、植物が育てられていたのでした。軍事的な理由で緑化されていたのです。

緑化された屋上の両端をよく見ると、盛土を施したようにこんもりと高くなったところがあります。何ということもないものに見えますが、実は高射機関砲の台座の役割をしていたものです。もし敵機が飛来してきた時には、ここから高射機関砲で撃ち落とそうと考えていたのです。ただし屋上で高射機関砲を発砲したら、かなりの衝撃が建物に伝わり、それによって建物が破損するかもしれません。そこで機関砲の台座となるスペースに

は他のスペース以上に土を盛ることで、衝撃を吸収しようとしたのです。農学部が希少植物を育てる場所となった今でも、この高射機関砲の台座の名残がしっかりと見て取れるわけで、当時の状況を推測する上で大変貴重なものと言えるでしょう。

　本館正面には丸い池があります。これは工廠時代に防火池として使われていたもののようです。また、農場入口を入るときに左手に見える守衛室付近なども、工廠時代の面影を残しており、本館周辺を一通り散歩するだけでも、十分に当時の様子を想像することができます。工廠時代にはこの本館の他にいくつもの工場建屋があり、生産活動そのものはそれらの中で行われていました。しかしそれらは爆撃により焼失したり、戦後に取り壊されたりして残っていません。

　ではそれらの工場では、どのような人たちが何を作っていたのでしょう。名古屋陸軍造兵廠記念碑建立委員会が発行した『碑の建立と思い出』（1980年）と『名古屋陸軍造兵廠史・陸軍航空工廠史』（1986年）という文献を参考に、当時の工場の生産体制を確認してみましょう。

　『名古屋陸軍造兵廠史・陸軍航空工廠史』によれば、鷹来工廠の従業員数は、1945（昭和20）年8月15日時点で4,151名でした（庶務掛、防衛掛、工務掛、検査掛、第1工場～第8工場の合計。511ページ）。農場へ来る途中にある石碑には、このうち約1,000名が動員学徒であったと記されています。『名古屋陸軍造兵廠史・陸軍航空工廠史』からは、1945年4月28日時点で、第1～第3工場に965名の学徒がいたことが確認できます（510ページ）。動員学徒の出身校は、早稲田大学、明治大学高等学院、愛知県小牧中学校、長野県野沢高等女学校、長野県立岩村田高等女学校、静岡県磐田高等女学校で、中学校、高等女学校から大学にいたるまで、広く各地の学校から動員されていたことが分かります（『碑の建立と思い

出』254 ページ）。また、いわゆる動員学徒とは別に、金沢、浜松などから女子挺身隊として工場に入った少女たちもいますので、少なくとも1,000名を超える若い男女（今、農場で実習をしている学生たちと同じか、それより若い人たち）が働いていたと考えられます。

　ちなみに写真 3 は小牧中学勤労報国隊の腕章です。下部に名古屋陸軍造兵廠の文字が見えます。当時、多くの学徒が動員されていたことを物語っているように見えます。

　鷹来製造所で主に作られていたのは薬莢、弾丸、雷管といった弾丸・弾薬関係のものですが（7.7mm 小銃弾等。写真 4）、その他に風船爆弾なども作られていました。

　国鉄（現 JR）中央線の春日井駅近くには鳥居松製造所があり、ここでは主に九九式小銃などが製造されていました。中央線からは引き込み線が両製造所へと通じており、これを通じて原材料・部品・半製品の納入、完成品の搬出が行なわれていました。鳥居松で作られた九九式小銃、鷹来で作られた 7.7mm 小銃弾は、引き込み線で中央線まで運び込まれ、そこで

写真 3　小牧中学勤労報国隊の腕章
　　　　春日井の戦争を記録する会編『5 トン爆弾を投下せよ！』141 ページより

セットになって中央線で運ばれていったのです。中央線春日井駅は、軍事的意味の大きい駅だったわけです。

　同じ中央線でもう少し名古屋駅に近い大曽根駅も、周辺に名古屋陸軍造兵廠千種製造所や三菱重工業名古屋発動機製作所大幸工場（多くの戦闘機のエンジンを製造）があり、軍事物資の輸送拠点でした。そして米軍は、この駅を爆撃しました。現在、JR大曽根駅南口の改札を出て左へ少し行くと、その爆撃で国鉄職員の方々が犠牲になられたことを記す石碑が建っています（写真5）。

　鷹来では風船爆弾も作られていましたが、この爆弾については知らない人も多いでしょう。簡単に言うと、大きな風船を作って、それに爆弾をぶら下げて飛ばそうというものです。日本で飛ばしたものが風に乗って太平洋を越え、いくつかは米国に到達して爆発するだろうという発想で作られたものです。原爆まで開発していた米国に対抗する兵器としては何とも不確かな感じがしますが、それでも殺傷能力のある兵器です。戦法としてはほとんど効果を発揮しなかったようですが、いくつかは米国の西海岸から米国本土に落下しています。そこでこの爆弾の犠牲になった米国人もいました。

　風船爆弾の風船は、和紙を糊付けして作っていました。そしてその製造

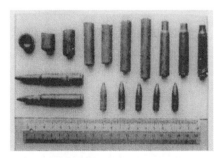

写真4　鷹来製造所で生産していた7.7mm
　　　　小銃弾（九九式小銃に使用する）。
　　　　春日井の戦争を記録する会『5トン
　　　　爆弾を投下せよ！』より

写真5　殉職者慰霊碑

に携わったのは、主に女学校の生徒たちでした。伝統工芸品である和紙の技術や、学びの場から引き離された女学校の生徒たちが、兵器製造の現場に集められていたわけです。

（２）激しい空襲と産業構造の一大変化

　第二次世界大戦中、愛知県は度々激しい空襲に見舞われました。激しい空襲と言えば、多くの方は東京大空襲を思い浮かべるかも知れませんが、実は愛知県は、東京に匹敵するほどたくさんの爆撃を受けているのです。使用するデータや計算の仕方によって結果が変わるので、空襲の激しさを正確に評価するのは難しいのですが、例えば『ピースあいちブックレットNo.1 名古屋空襲と空爆の歴史──いま平和を考えるために──』の70ページには、都市別投弾量（爆弾が投下された総トン数）の一覧表があり、第1位東京（10,039トン）についで第2位名古屋（9,783トン）、第3位大阪（8,019トン）という数字が示されています。

　愛知への空襲は1945（昭和20）年3月以降になると、市街地を焼夷弾で爆撃するようなものが増えていきますが、それ以前は、主に軍需工場やその周辺施設を狙ったものでした（軍需工場への爆撃は8月の終戦まで続く）。愛知県には海軍工廠、陸軍工廠をはじめとする軍需工場やその協力工場、関連工場などが、数多くありました。鷹来工廠もその一つです。最初から軍需工場として建設されたものの他に、非軍事の民生用製品を作ってきた工場が、戦時下で軍需生産へと移行した例もたくさんありました。「ものづくり」に定評のある愛知県には、当時からハイレベルの製造技術をもつ工場があったのですが、それらの多くが「兵器づくり」の施設に変えられていったわけです。そして愛知県は全体として、一大軍需工場地帯となっていたのです。爆撃は、それらの工場群をターゲットとして行なわれたのです。もちろん爆弾は工場を破壊するだけではありません。そ

の被害は周辺地域にも及ぶことになります。

　次に示すグラフは、愛知の「ものづくり」が「兵器づくり」に移行するという事態が、どのように進んだのかを端的に示すものです。

　グラフ1は1933（昭和8）年から1942（昭和17）年までに、日本全国の工場（職工5名以上）の生産額がどのような推移を辿ったかを、金属工業、機械器具工業、紡織工業の産業ごとに示したものです。『工業統計表』（各年版）を加工して作成しました。

　まずグラフ1で、日本全国の動向を見てみましょう。1933（昭和8）年の時点では、紡織業（製糸含む）が29億円ほど。それに対して機械器具工業や金属工業はいずれも9億円ほどでした。両者を合わせても紡織工業の6割ほどです。当時の日本では、機械や金属のような重工業よりも、繊維産業に代表される軽工業の存在感が大きく、このグラフにもそれが反映されています。ところがその後の推移を見ますと、紡織は伸び悩み（時には下降し）、それに代わって機械・金属が台頭していったことが明瞭に見て取れるでしょう。特に機械の伸びは急速で、1933（昭和8）年から1942（昭和17）年までの10年間で11.9倍の規模に飛躍しています。金属も8倍に伸長しています。ところが紡織工業はほとんど拡大していません。1942（昭和17）年の生産額は1933年の1.4倍です。

　この10年を見ると、日本産業の主役の交代がはっきりと見て取れますね。機械・金属を中心とする重工業が一挙に台頭してきたのです。

　類似の傾向が愛知県でも見られますが、こちらはもっと鮮やかです（グラフ2参照）。1933（昭和8）年時点での紡織は3億9000万円ほど。それに対して機械は7000万円弱。金属は1300万円です。繊維産業の存在感は際立っています。愛知県は三白木綿（三河）、知多木綿（知多）、縞木綿や毛織物（一ノ宮）など、歴史的に繊維産業の立派な伝統があり、それがこの統計にも反映されていると言えるでしょう。もちろん機械・金属も

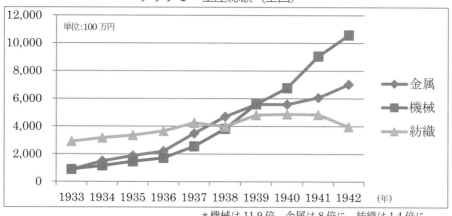

グラフ1：生産総額（全国）

単位:100万円

凡例：金属、機械、紡織

＊機械は11.9倍、金属は8倍に。紡織は1.4倍に。

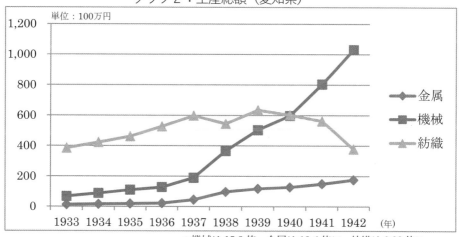

グラフ2：生産総額（愛知県）

単位：100万円

凡例：金属、機械、紡織

＊機械は15.2倍、金属は13.6倍に。紡織は0.98倍に。

ありますが、それについてもかなりの部分が繊維機械関連の数値であった
と言えます。

　ところがこの繊維産業がその後の10年間、1930年代大不況の中で繊
維品の輸出も伸び悩み、全く奮いません。1942（昭和17）年の生産額は、
何と1933（昭和8）年を下回っています。それに対して機械・金属は右
肩上がりです。金属は1933（昭和8）年での絶対額が少ないので、さほ

ど伸びていないようにも見えますが、それでも 13.6 倍になっています。そして何と言っても機械です。何と 10 年間で 15.2 倍となり、紡織をはるかに凌ぐ生産額となりました。この間に愛知県の産業は、繊維を主役とするものから機械・金属を主役とするものへと、完全にその構造を変えてしまったのです。

この時期は、日本の産業の主役が大きく変わった時期、伸び悩む軽工業（繊維）に対して、重工業（機械・金属）が急速に台頭し、その比重を激増させた時期なのです。そして愛知県は、そのような変化をさらに拡大して経験した、日本の産業構造の変化を象徴するような地域だったと言えるでしょう。

では、なぜそのような変化が生じたのでしょう？このグラフの期間は、日本が満州事変（1931 年）を経て、アジア・太平洋戦争、第二次世界大戦へと突入していく時期（1941 年、真珠湾攻撃）と重なります。大日本帝国が戦争へと突き進み、軍事的な体制を強固にして行った時期です。そこでの変化を産業活動の面から見ると、上のような数字に表れてくるのです。機械・金属工業の伸長は、兵器製造の増大によってもたらされたわけです。グラフにはありませんが、機械・金属工業が伸長したこの時期、化学工業も増加していきました。これについても、爆薬、弾薬製造といった軍事技術との関係が考えられるでしょう（化学工業は 1933 年に約 2100 万円だったものが、同じ期間内に約 6 倍になりました）。

繊維関連産業を中心に、戦前から「ものづくり」の盛んな地域だった愛知。この「ものづくり」を担ってきた人や機械設備や技術や資金等が、この時代には軍事関連の生産へと向けられていったわけです。「ものづくり」の優秀な地域が、「兵器づくり」のメッカとなり、数々の軍需工場のある町となりました。軍工廠もあれば民間の軍需工場、協力工場もあり、それらに部品・半製品を納入する数々の工場まで考えると、愛知県全体が軍需

品製造の現場であったとさえ言えます。

　軍需品の多くが愛知県で作られていたとすれば、そこは敵国にとっては攻撃すべき重要目標ということになります。この地域の工場を爆撃することで、日本の軍事力の大きな部分が失われるわけです。そのため愛知県には数多くの爆弾が投下されたのです。鷹来工廠にも、巨大な爆弾が投下されました。

（３）パンプキン爆弾（模擬原爆）

　鷹来工廠は終戦直前まで空襲を受けていませんでしたが、玉音放送の
あった1945（昭和20）年8月15日の前日、8月14日に爆撃されました。この時の爆弾は1万ポンド（約4.5トン）もあるとても大きなもので（そのためB29爆撃機に1個しか搭載できない）、パンプキン爆弾という爆弾でした。

写真6　原子爆弾「ファットマン」

　大きいというだけでなく、この爆弾には他の爆弾にない重要な特徴がありました。それはこの爆弾が、長崎を襲った原子爆弾「ファットマン」と同じ形、同じ大きさ、

写真7　パンプキン爆弾

同じ重さのものだったということです。もちろん原子爆弾ではありませんから、中身は爆薬です。しかし、形、大きさ、重さは、プルトニウムを内蔵したファットマンと同じだったのです。

　写真6は原爆ファットマンで、写真7はパンプキン爆弾です（工藤洋三・金子力『原爆投下部隊──第509混成群団と原爆・パンプキン──』28−29ページより）。よく似ているでしょう。この爆弾を投下したのは、米陸軍航空軍の509混成群団という部隊です。その部隊は1945（昭和20）年7月から8月にかけて、テニアン島から日本に飛来し、合計49発のパンプキン爆弾を日本に落としました。京都、富山、静岡、福井、岐阜などの各地に投下し、そのうちのいくつかを愛知県に投下しました。原爆ではありませんが巨大な爆弾ですから、もちろん着弾した周辺では大きな被害が発生します。そして愛知県春日井に投下されたパンプキン爆弾のうちの1つが、鷹来工廠に落ちたのです。

　そもそも米軍はどうしてこのような爆弾を開発・製造し、日本に落としたのでしょう。原爆と同じ形状だということから想像がつくかもしれませんが、これは模擬原爆、原爆のシミュレーション爆弾だったのです。原爆を爆撃機に載せて、どのように飛行してどのように投下したら、この爆弾はどんな軌道（放物線）を描いてどの地点に落ちるのか──そういったことを確かめるための、いわば実験用・練習用爆弾です。509混成群団というのは原爆投下専門に組織された部隊で、米軍の中でもほとんど知られていなかった秘密部隊です。その部隊が、原爆投下までの実験・練習としてこの爆弾を投下したのです。その実験・練習によって、亡くなられた方も大勢おられます。そうした実験・練習の末に、原爆投下の惨禍があったわけです。パンプキン（かぼちゃ）という名前から可愛らしいイメージを持った方もおられるかもしれませんが、実は大変恐ろしいミッションをもった爆弾だったということがお分かりいただけるでしょう。

ところでこの模擬原爆、先にも述べましたように、鷹来工廠には1945（昭和20）年8月14日に投下されています。長崎にプルトニウム型原爆を投下したのが8月9日。そのプルトニウム型原爆の実験用・練習用爆弾が、なぜ9日を過ぎた14日に投下されたのでしょうか？

　実は8月14日の投下には、原爆投下の実験・練習とは別の意味があったのです。1990年代に米軍の公文書を調べた工藤洋三氏・金子力氏が、8月14日のパンプキン投下についての記述を見つけました。そこにはパンプキン爆弾自体の威力を実験するという意味があったと書かれていました。パンプキン爆弾そのものが、どの程度の破壊力・殺傷力を持っているのか。この爆弾が兵器としてどれだけ有効なものなのか。そのことを確認するために、原爆を投下した後もパンプキン爆弾を落としたのです。原爆投下以前は、原爆投下のための実験として、原爆投下後はパンプキンそのものの威力を確かめるための実験として、この爆弾は落とされ続けたわけです。そして全体では49発が日本に投下されたのでした。

（4）8月14日──鷹来工廠とトヨタ自動車──

　1945（昭和20）年8月14日に春日井へと飛来した509混成群団は、投下目標を名古屋陸軍造兵廠鳥居松製造所に定めていました。そして実際に鳥居松製造所を狙って3発のパンプキン爆弾を投

写真8 鷹来製造所の爆発点と被害の様子

下するのですが（鳥居松製作所に着弾したのは1発で他の2発は周辺地域に着弾）、その後、爆発による煙にさえぎられて、上空から鳥居松製造所が見えなくなってしまいました。当時はレーダー等の技術が開発されていたものの、爆弾を投下する時の最終確認は目視によるものだったので、爆撃機から投下目標が見えないというのは、爆撃する側にとっては大変困った事態です。しばらくすると煙が消えて軍工廠らしきものが見えてきて、そこにもう1発、パンプキン爆弾を投下したのですが、実はそこは鳥居松製造所ではなく鷹来製造所だったのです。鷹来工廠は鳥居松と見間違えられて、誤爆を受けたわけです。掲載してある写真8は鷹来工廠への爆撃後の様子を米軍が撮影したものです（工藤洋三・金子力『原爆投下部隊——第509混成群団と原爆・パンプキン——』190ページより）。1万ポンド（約4.5トン）の大変大きな爆弾ですから、1発で周囲が広く吹き飛んだものと思われます。この時、鷹来工廠では避難命令が出て従業員全員が退避していたので、爆撃で亡くなった方はいませんでした。しかし建物の被害は大きなものでした。写真9と写真10は、直撃を受けた鷹来製造所損害の様子を示しています（米国立公文書館所蔵）。

　こうした被害の中でも工廠全体を統括する本館は無傷で残り、これが今なお、名城大学附属農場の本館として利用されているのです。

　図4は、米国立公文書館に所蔵されている「名古屋陸軍造兵廠鷹来製造所の損害評価図」です（『原爆投下部隊——第509混成群団と原爆・パンプキン——』189ページより）。この図を（北を上にした）この状態で見て、中央部少し右上の黒丸のところがパンプキン爆弾着弾地点。大きな建物に命中しているのがわかります。そして網掛けになっている建物が損害を被っています。

　一番左の下から2番目のブロック内にある建物が本館（その上にある小さな丸が防火池）で、これが今日、農場の本館として残っているもので

写真 9、10 鷹来製造所損害の様子

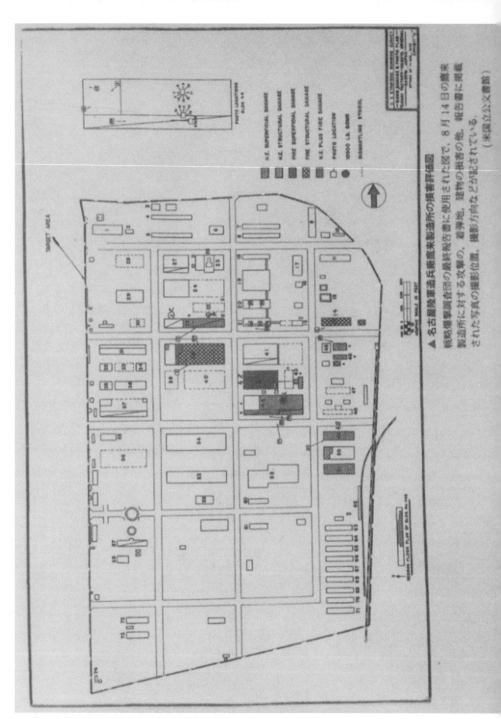

図4 名古屋陸軍造兵廠鷹来製造所の損害評価図

す。

　さらに写真 11 は、1948（昭和
23）年 5 月 7 日に米軍が鷹来製
造所の敷地を空撮したものです
（米国立公文書館所蔵）。

　ところで 8 月 14 日にテニアン
島を飛び立った 509 混成群団は、
春日井にパンプキンを投下した
だけではありませんでした。この
部隊は途中で二手に分かれ、一

写真 11　鷹来製造所の空撮写真（1948 年 5 月 7 日）

方は春日井に向かいましたが、他方は愛知県の挙母（今日の豊田市）方面
に向かったのです。挙母に向かった部隊は、当地にあったトヨタ自動車
（当時はトヨタ自動車工業）の工場を爆撃しました。ここもパンプキン爆
弾によって大きな被害を受けたのです。日本の技術による自動車生産を軌
道に乗せようと陣頭指揮を執っていた豊田喜一郎氏（豊田佐吉氏の息子）
は、工場が爆撃された翌日に終戦を告げる玉音放送を聴き、大変悔しがっ
たそうです。

　戦後、1980 年代になって、豊田英二氏（豊田佐吉氏の甥）が本を出版
し、その中でこの爆撃について語っています。そこには「B29 が三機来
て、五百キロか一トンぐらいの爆弾をそれぞれ一発ずつ落としていった。
……三発目が工場に落ち工場の四分の一ぐらいが壊れてしまった」と記さ
れていました（豊田英二『決断――私の履歴書――』122 ページ）。

　この本の出版後しばらくたってから、「この記述には誤りがあります」
と記された手紙（1993 年 2 月 3 日付）が豊田英二氏のもとに届きました。
その手紙の送り主は F・C・ボックという米国人で、実はパンプキン爆弾
をトヨタの工場に投下した B29 爆撃機の機長でした。彼は豊田英二氏の

本の英訳を読み、1945（昭和20）年8月14日の記述が自分たちの投下した爆弾のことであると気づき、事の詳細を説明する手紙を豊田氏に送ったのです。その手紙には、投下された爆弾が1トンどころか1万ポンド（約4.5トン）もある爆弾であったこと、この爆弾がパンプキンという模擬原爆であったことなど、当時、日本ではほとんど知られていなかったことも記されており、末尾には「日米両国間の戦争というあの忌まわしきことがらが、私の単なる一思い出であり続けることを切望して止みません」と綴られていました（原文は英文。この手紙は、豊田市平和を願い戦争を記録する会編集・発行『私は模擬原子爆弾パンプキンをトヨタへ投下した：フレデリック・C・ボックの書簡——紹介と解説——』2005年、の中で翻訳・紹介されています）。

　鷹来工廠とトヨタ自動車は、いずれも1945（昭和20）年8月14日に、509混成群団によって投下されたパンプキン爆弾で破壊されたのでした。

（5）３つのつながり

　最後に、これまで見てきたことを「３つのつながり」という観点で整理してみましょう。「① 愛知と広島・長崎とのつながり」、「② 戦中の学生と今日の学生とのつながり」、「③ ものづくり愛知と兵器づくり愛知とのつながり」——以上の３点から考えてみます。

「① 愛知と広島・長崎とのつながり」というのは、世界で最初に投下された2発の原子爆弾と、その被爆地である広島・長崎が、愛知県と深く結びついていたということです。広島・長崎に原爆を投下した509混成群団は、原爆投下専門の部隊で、まずはその練習用に模擬原爆を各地に投下していました（広島に投下されたのはウラン型のリトルボーイという原爆ですが、これの試験弾——核物質も火薬も入っていない——も、日本には

投下されなかったもののテニアン島周辺で使われていたということが、奥住義重氏・工藤洋三氏らの調査により判明しています）。いわばその練習の総仕上げとして、広島・長崎に本物の原爆が投下されたわけで、その意味では、愛知を含む各地への爆撃は広島・長崎に通じる道であった、愛知への爆撃も米軍の原爆ミッションの一環であったということが分かります。

　図5には、509混成群団が日本国内に爆弾を落とした場所が記されています。米軍が作成したものです。パンプキン爆弾が落とされた場所の地名が　　　　で囲われています。そしてこの中に広島と長崎も記されており、少し見づらいですが、その地名は二重線で囲われています。原爆の投下地点は二重線なのですね。これを見ても、愛知を含む各地への爆撃は、原爆投下のミッションの一環であったことがうかがわれます。

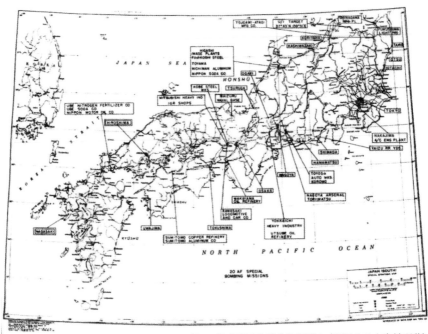

図5「509混成群団特殊作戦任務」（米国立公文書館所蔵）

実は509混成群団は、1945（昭和20）年7月26日にも名古屋で、現在の八事日赤の交差点付近（名城大学天白キャンパスのすぐ近くです）にパンプキン爆弾を投下しています。これを投下した爆撃機は、その後8月6日に広島に原爆を投下することになるあのエノラ・ゲイでした。原爆は広島・長崎だけでなく、愛知とも直接関わっていたわけです。

　このような視点を持つことで、原爆の問題、核兵器の問題を、愛知の問題としても捉え直してみてください。

　「②戦中の学生と今日の学生とのつながり」というのは、まさに鷹来工廠を舞台として、その両者がつながっているということです。戦中の学生も今日の学生も、同じ鷹来の地で青春期を過ごした人々という意味でつながっています。ただしその同じ土地で過ごしながら、両者の運命は全く違ったものでした。それは彼らが生きた時代が異なっていたからです。

　戦中の学生をはじめとする若者たちは動員学徒として、あるいは女子挺身隊として、勉学の志を絶たれ、鷹来の地で「兵器づくり」を繰り返す日々を過ごさねばなりませんでした。

　他方、その人たちと同じような年代の人たちが、今その同じ鷹来の地で、将来への期待に胸を膨らませながら勉学に勤しんでいます。名城大学農学部の学生たちは、兵器生産に駆り立てられることもなく、爆撃の恐怖におびえることもなく、農場での学業に励みながら青春時代を過ごしています。学びは平和の中でこそ保障されるのだということを、四分の三世紀を超えた両者のつながりの中から感じ取ることができるでしょう。戦争によって学生から学びの機会を奪うということを二度と繰り返してはならない――そのような思いを抱かずにはいられません。

　「③ものづくり愛知と兵器づくり愛知とのつながり」について言えば、ま

ず愛知の軍工廠、軍需工場（協力工場等を含む）というものが、愛知の強みである「ものづくり」の歴史の一コマになっているのだということを認識しておく必要があります。「ものづくり」のための技術、それを得意とする人々、その人々が働く工場の数々——それらの集積を「兵器づくり」に利用していった結果が、愛知県の軍工廠、軍需工場であり、鷹来工廠もそのひとつでありました。「ものづくり」のための諸資源が、戦争という歴史的背景のもとでは「兵器づくり」のための諸資源になっていたという意味で、両者はつながっているわけです。「ものづくり」という創造的行為のための諸資源も、戦争遂行という目的・意図をもって利用されれば、「兵器づくり」のための諸資源に転化するのだということを、読み取ることができるでしょう。

　他方、戦後愛知の人々の多くは、市民が使う民生品を生産し、平和な暮らしを支える「ものづくり」をすることで、焼け跡からの復興に尽力してきました。戦後愛知は日本を代表する重化学工業の拠点として、日本のものづくりを牽引していくことになります。そしてその戦後の「ものづくり」の担い手の中には、かつて軍工廠、軍需工場で働き、生き延びた方々もたくさんいました。軍需工場の従業員、動員学徒、女子挺身隊として働きながら身に付けた技術を、戦後に民生品の「ものづくり」へと生かしていったのです。軍工廠、軍需工場で身に付けた「兵器づくり」の技術が、今度は平和産業を築くという目的・意図のもとで「ものづくり」の技術に転換されていったのです。その意味でも「ものづくり愛知」と「兵器づくり愛知」とはつながっているわけです。

　もちろん「ものづくり」と「兵器づくり」とは異なりますから、「兵器づくり」をしていればすぐに戦後の「ものづくり」に対応できるというわけではありません。素材の成形や金属加工などの手法には共通する部分も多いですが、それでも目的・意図が転換したことで、対応に苦労すること

はかなりありました。例えば戦闘機を生産する場合、そこで特に求められるのは航続距離や空戦性能で、乗り心地や外観の美しさなどは二の次です。しかし民間の旅客機を生産するのであれば、安全性、乗り心地、美観といったものが大変重要になりますから、そこで必要とされる技術やノウハウが大きく異なるばかりか、発想の転換さえも求められることになります。高性能の戦闘機を作っていた人々も、戦後に民間旅客機 YS11 を作る際には大変な苦労をしたということが、今でも語り継がれています。

　兵器生産のための技術やノウハウを戦後の平和産業に生かそうとした人々の努力・苦労があったことで、戦中の「兵器づくり愛知」は戦後の「ものづくり愛知」へと転換していったのです。

　今日の「ものづくり愛知」に至るまでの長い道のり——名城大学附属農場は、そうした歴史への視座を提供してくれる貴重な教材とも言えるでしょう。

※2刷にて追記

　5〜8ページで紹介した本館は本書出版後の2022年に改装されました。その際、屋上の盛土のようなところから、複数のコンクリート製台座が見つかりました。それらを名古屋市教育委員会学芸員の伊藤厚史氏に見ていただいたところ、「高射機関砲の台座の可能性も否定できないが、拡声器か、敵機のエンジン音を聞き取るための集音器の台座の可能性もある」とのご判断をいただきました。様々な可能性がありますので、現時点では、高射機関砲があったと断言することは適切でないと考えるに至り、ここにご報告させていただきます。

　なお、改装に伴い星印の紋章や屋上の植物もなくなりました。あわせてご報告いたします。

2.「春日井にはへそがない？」と 言われたのは、ナゼ？

金子 力

（1）「へそ」がない町・春日井

名古屋の「へそ」といえば栄や名古屋城あるいは名古屋駅周辺が浮かびます。豊橋や岡崎は城下町として発達してきたので「へそ」、つまり中心部があります。それでは「春日井のへそは？」と聞かれると困ってしまいます。春日井市は勝川（かちがわ）町、篠木（しのぎ）村、鳥居松（とりいまつ）村、鷹来（たかき）村の4か町村が1943（昭和18）年6月1日に合併して誕生しています。合併によって誕生した春日井に「へそ」がないのはなぜか、県下の市制施行の経過を見ていきます。

愛知県下で市制施行が始まるのは名古屋が1889（明治22）年で、以後、豊橋・1906（明治39）年、岡崎・1916（大正5）年、一宮・1921（大正10）年、瀬戸・1929（昭和4）年、半田・1937（昭和12）年、春日井と豊川は1943（昭和18）年となります。それ以外の「市」はすべて戦後に誕生しています。

春日井と豊川を除く他の都市はもともとその周辺の中心地でもありました。名古屋、豊橋、岡崎は江戸時代以来の城下町として城を中心とした街が出来上がっていました。これらの都市は市制施行後、都市計画適用都市の指定を受け、周辺の町村を合併して都

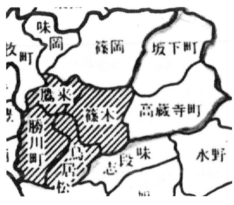

図6 斜線の4か町村が合併して春日井市が誕生、戦後坂下町と高蔵寺町を編入。
『郷土史かすがい22号』1984年3月

市づくりをすすめてきました。

　瀬戸は陶磁器産業の中心地として発展、明治以来、愛知県の輸出品の生産地として重要な役割を果たしてきました。半田も江戸時代から醸造業が盛んで隣接の成岩、亀崎と合併、市制施行して知多半島の中心地として発展してきました。

　ところが、春日井と豊川はそれらの都市とは違う経緯を経て市制施行を行っています。勝川町はじめ4か町村に都市計画法が適用されたのは1937（昭和12）年のことです。この年には日中戦争が始まります。内務省は小都市建設を推進し、一方、名古屋市は大中京都建設を構想して、勝川町・守山町などの周辺町村を名古屋に合併しようとする動きもありました。しかし、日中戦争の勃発によって、はからずも春日井は「軍都」への道を進むことになりました。

（2）「軍都」建設準備と軍需工場

　1937（昭和12）年「軍都」建設の準備として、勝川町などに「都市計画法」が適用されます。これにより、道路、公園、土地の用途指定、水道、電気などのインフラの整備を行政が計画的に行うことができるようになります。

　1938（昭和13）年、日中戦争の戦場が拡大していくと兵器が不足したため、陸軍は銃器多量生産研究委員会を設置、中央線沿いで広大な土地が確保できる鳥居松村に九九式小銃の生産拠点を設置することを決め、名古屋陸軍造兵廠鳥居松製造所（陸軍直営の軍需工場）の建設を決定します。広大な用地が買収され、翌年には工廠建設が始まります。

　1940（昭和15）年には、鳥居松村、篠木村、鷹来村を「勝川町都市計画区域」に編入します。それは鳥居松製造所建設に続いて、小銃弾などを生産するための鷹来製造所を鷹来村に建設するのに伴い、中央線から離れ

ているため軍用鉄道の敷設や輸送用道路の整備が必要になったためでした。名古屋造兵廠には7つの製造所が設置されましたが、鳥居松製造所と鷹来製造所は面積、従業員数において名古屋陸軍造兵廠最大の製造所となりました。篠木村には中央線から鷹来への軍用鉄道と補給廠(兵器保管倉庫)が設置され、篠木村北端の西山地区に鷹来製造所の分工場が設置されました。

図7 軍事秘密　集成5万分の1地形図名古屋第1号
　　昭和二十年製版　参謀本部作成

（3）4か町村の合併と市制施行

　こうして農村から軍需工業地域へと急激な変貌を遂げる4か町村に対して、愛知県地方課は土地区画整理事業施行を命令しました。農村地帯であった4か町村は、「結構づくめの工業都──来年生まれる理想の十五市」（『大阪朝日新聞』1940年12月6日付）のひとつともてはやされ、人口増加対策として優先的に県営・市営住宅建設や道路整備、土地区画整理事業が実施されます。

巨大な軍需工場は多くの労働者を必要としました。春日井市域の人口の変化を見ると国勢調査のおこなわれた 1940（昭和 15）年は 28,587 人でしたが、1944（昭和 19）年 2 月には 43,202 人となっています。人口増加率で見ると 51.1％になります。これは全国 4 位の増加率です。人口増加の主要因は鳥居松と鷹来の二つの製造所の従業員とその家族でした。ちなみに豊川の同時期の増加率は 145.8％で全国 1 位でした。

1942（昭和 17）年愛知県地方課の指導で春日井市制施行準備委員会が小牧を含めた 8 か町村で設立されますが、翌年の 6 月 1 日市制施行時に合併したのは 4 か町村にとどまりました（全国で 207 番目の都市）。

軍都春日井の歌

竹内親儀 作

一、あけゆく空も　さわやかに
　　旭光燦と　　　　輝けば
　　乾坤の精気　地に凝りて
　　生まれし軍都　春日井市

二、勝川篠木　　　　鳥居松
　　鷹来の四郷　　あひ結び
　　今決戦の　　　　日の本に
　　雄々しく進む　春日井市

三、悠久二千　　　　六百年
　　歴史に栄ゆる　　皇国に
　　大御戦を　勝ちぬかむ
　　吾等が軍都　春日井市

四、おほみことのり畏みて
　　五万の市民　　　一丸に
　　更に誉を　　　加ふべき
　　任務は重し　春日井市

＊1944 年 7 月 1 日に発行された『春日井時報』第 2 巻 13 号に掲載されています
　（もとの歌詞は旧漢字を使用しています）。

（4）「軍都」春日井への空襲

1941（昭和 16）年から 1943（昭和 18）年に全国で 27 都市が市制施行

していますが、それらの都市は軍用飛行場や軍需工場の建設、重要資源（炭鉱・石油基地）の調達のために設置された都市ばかりで、春日井は全国でつくられた「軍都」のひとつだったのです。

愛知県に 1943（昭和 18）年 6 月 1 日誕生した春日井（名古屋陸軍造兵廠）と豊川（豊川海軍工廠）はアジア太平洋戦争末期の 8 月に米軍による空襲目標となり、豊川は 8 月 7 日、春日井は終戦前日の 8 月 14 日に空襲に遭いました。豊川では 2500 人以上という愛知県最大の空襲犠牲者が出ました。豊川空襲の一週間後、春日井は原爆投下部隊 509 混成群団によって模擬原爆パンプキンを 4 発投下され、工場は大破、7 人の犠牲者が

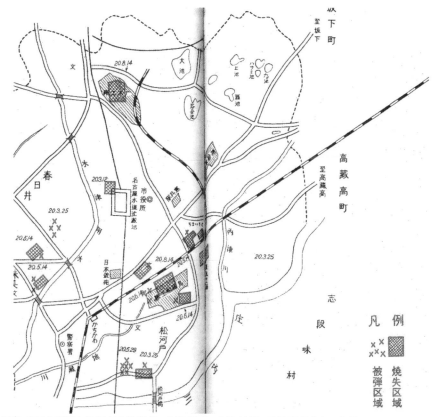

図 8 春日井空襲は 1945 年 3 月 12 日、3 月 25 日、5 月 14 日、5 月 29 日とあったが、目標はすべて名古屋で、春日井ではなかった。8 月 14 日だけは春日井の軍需工場が目標であった。第一復員省資料課『全国主要都市戦災概況図』昭和 20 年 12 月、春日井市

出ました。翌日の正午、まだくすぶり続ける家屋を前に玉音放送を聴く人々には、「あと一日戦争が早く終わっていれば……」との残念な思いがあったそうです。

（5）廃墟からの復活 ～「へそ」のない名古屋の衛星都市へ

軍都春日井の誇りであった工廠が空襲で廃墟となって迎えた8月15日以降、春日井市では合併解消の声もあったそうですが、軍需工場の跡地（図9。地図の空白の部分）を平和産業や公共用地などとすることによって新たな出発を始めます。広大な面積を持つ鳥居松製造所は王子製紙春日井工場となり、鷹来製造所は名城大学附属農場、パナソニック、名古屋水道局、春日井市総合体育館、鷹来中学校、日本通運などとなりました。鷹来の西山分工場（火薬を使う工場で約800m離れていた）は陸上自衛隊春日井駐屯地なっています。

今では軍都であったことが忘れられたかのようですが、当時を伝えるものとして名城大学附属農場本館、桃山町に架かる鉄橋が戦争遺構として残っています。また、春日井市総合体育館

図9　都市計画愛知地方委員会『春日井都市計画区域一般図』1947 年

南西角には鷹来製造所の記念碑が建てられています。

　高度経済成長が始まると東京・名古屋・大阪には地方からの人口移動が盛んになってきます。春日井は名古屋のベッドタウンとして見直されます。

　愛知用水の開通、高蔵寺・坂下両町の合併、中央線の複線電化、東名高速道路春日井インター開通、国道19号線整備、市内各地の区画整理事業が急速に進み、日本の三大ニュータウンの一つが高蔵寺の丘陵に建設されます。春日井市は豊橋、豊田、岡崎、一宮と並ぶ人口30万の「名古屋の衛星都市」として再生を遂げていきました。区画整理事業では全国有数の施行が進み、田畑は住宅や商業施設に変化していきます。全国初のコンビニがニュータウンに登場、巨大駐車場を持つ商業施設もできました。しかし、「春日井市の中心はどこですか？」と聞かれるとなかなか答えが出てきません。春日井市は「へそ」の見えないまま今日に至っているのです。

（6）今も残る軍都の足跡

　軍都春日井の足跡を見たいと思いませんか？　近年、古墳や城郭等に加えて戦争遺跡が文化財として評価されるようになり、近代史研究の対象にもなってきました。名城大学附属農場では、名古屋陸軍造兵廠鷹来製造所の本館が大学の施設として使われています。約80年を経た建物の外形や構造を見ることができるのは、日本国内でもたいへん珍しく、貴重な歴史遺産でもあるのです。

　中央線春日井駅から鷹来製造所、西山分工場まで敷かれていた軍用鉄道のほとんどは、あとかたも無くなってしまいました。しかし、桃山町には県道197号線（旧国道155号線）を跨ぐ鉄橋が今も残っています（写真12、13）。

　春日井駅には軍用鉄道専用のホームが設置されていました。軍用鉄道は各地から調達された材料を運び、完成品を各地へ運ぶ役目を果たしてい

したが、そのホームは今は駅前の待車場となりました。

　図10〜13は鷹来製造所と鳥居松製造所の変遷を、国土地理院の地図から辿ったものです。見比べてみると、工廠を巡る春日井の町の変遷も見えてくるでしょう。

写真12、13 桃山町に今も残る、軍用鉄道の鉄橋

地図で見る鷹来製造所と鳥居松製造所の変化

図10 鷹来製造所・鳥居松製造所ができる前。1935(昭和10)年、5万分の1名古屋北部

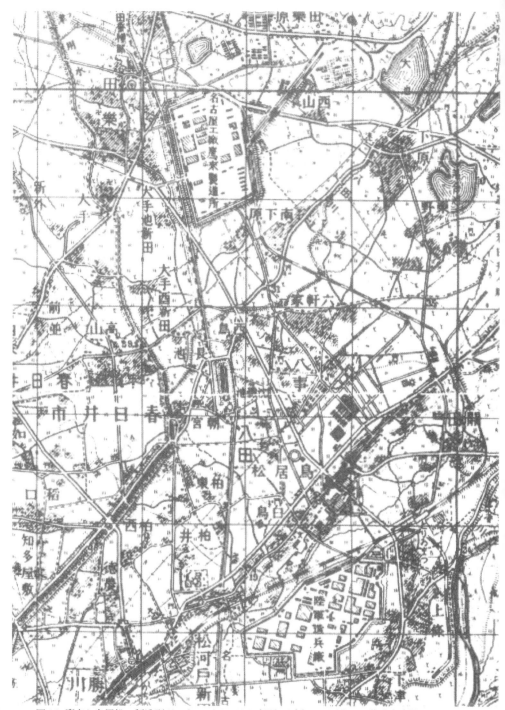

図11 鷹来と鳥居松の製造所ができている。1945(昭和20)年、5万分の1集成名古屋

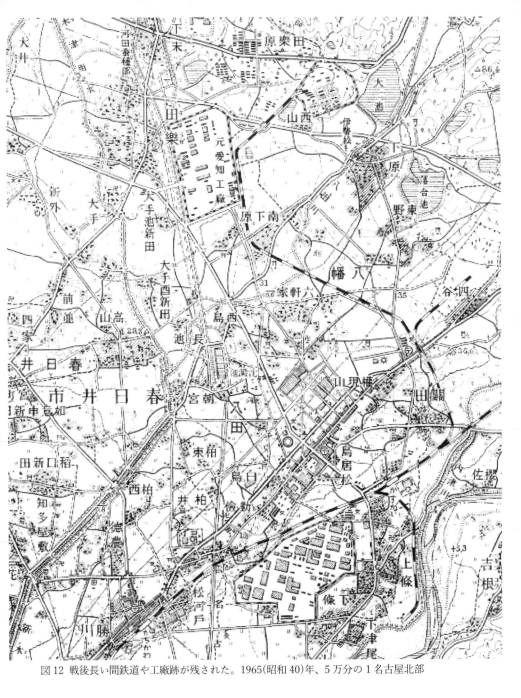

図 12 戦後長い間鉄道や工廠跡が残された。1965(昭和 40)年、5 万分の 1 名古屋北部

図13 住宅が密集し工廠跡は見つけにくい。1999(平成11)年、5万分の1名古屋北部

軍都春日井の誕生

1937(昭和12)年 7 月 日中戦争はじまる(歩兵用小銃の増産が必要になる)

　　 同　　　 年 10 月 勝川町に勝川都市計画区域指定

1938(昭和13)年 4 月 銃器多量生産研究委員会 設置、鳥居松製造所建設決定

1939(昭和14)年 7 月 鳥居松製造所設立(九九式小銃の生産拠点)

1940(昭和15)年 1 月 鷹来村に製造所用地買収

　　 同　　　 年 2 月 鳥居松村、篠木村に勝川都市計画区域指定

　　 同　　　 年 6 月 鳥居松製造所で九九式小銃生産開始

　　 同　　　 年 8 月 鷹来村に勝川都市計画区域指定

1941(昭和16)年 12 月 鷹来製造所開設(九九式小銃用 7.7mm 弾の生産拠点)

1942(昭和17)年 12 月 市制施行準備委員会設立

1943(昭和18)年 6 月 春日井市市制施行(軍都春日井の誕生)

1945(昭和20)年 8 月 鳥居松製造所と鷹来製造所に模擬原爆投下　敗戦

3．鷹来校地沿革

（1）農学部創設

　1949（昭和24）年、新学制により名城大学が創設され、総合大学創造を目指した学部増設の計画が進んでいきました。その過程で課題となったのは、設置認可の条件にかなうような校地の入手でした。農学部の増設も、そうした中で計画されていきました。

　農学部増設が計画された大きな理由としては、①戦後未使用のまま放置されていた春日井市大字田楽（現・鷹来町）の名古屋陸軍造兵廠鷹来製造所跡地——この土地・建物の借用のめどが立った、②地元の強力な支援を得られた、といったことが挙げられます。

　この土地が増設場所に選ばれた理由としては、「農業に関する大学、特に、私学の特殊性を生かした農科大学の設置については強い要望があり、且つ又愛知県春日井市田楽、名古屋造兵廠鷹来製作所跡の土地23万余坪は、位置環境と共に農科大学の必要とする敷地坪数も適当であり、且つ、地元春日井市に於ても賛意を表せられ、幸いに名古屋財務部の内諾を得たので、初めてここに設置すべきを決意した」との記録が残っています（『名城大学75年史』121ページ）。

　1949（昭和24）年8月31日、農学部増設許可申請書が文部省（現・文部科学省）に提出されました。地元からも、この計画の実現を懇願する声が挙げられました。「当地方に農業専門の指導及び指導者養成機関として農業を主体とする大学の設置を熱望……関係市町村長連署の上懇願致す次第であります」とする1949（昭和24）年10月7日付けの『陳情書』がそれです（『名城大学75年史』122ページ）。

1950（昭和25）年3月1日、文部大臣より、鷹来工廠跡地の全敷地を完成年度（1954年）までに整備、使用することを条件として、増設許可書が下りました。こうして名城大学農学部は、「農学に関する専門の学術を教授し研究を行い、併せて、応用能力に富む有能の人材を養成し以て学術の進歩及び文化の発達に貢献する」ことを目的として、1950（昭和25）年4月1日、現在の名城大学附属農場のある場所、鷹来の地に開設されたのです（『名城大学75年史』121ページ）。

（2）農学部開設時の状況

　こうして発足した農学部でしたが、鷹来校地の整備が全くなされていなかったことから、第1期生は中村校舎（名古屋市中村区）で授業を受け、鷹来校地では残存した建物の整備と農場づくりが実習を兼ねて進められました。

　1952（昭和27）年3月、鷹来工廠跡地の本館であった鉄筋コンクリート2階建て建物（農場本館）の使用が許可され、これの改造により事務室・教室（3教室）・実験室及び研究室が整備されました。これで最低限の様態が整えられました。

　これらと並行して開墾が開始されましたが、家畜もおらず、農具もわずかでした。そのような中でも教員・学生が一丸となって、筆舌に尽くしがたい辛苦に耐えながら造成・整備に努めたことで、次第に農学部の学舎らしいものができあがってきました（写真14は『名城大学75年史』124ページより）。

（3）土地問題

　鷹来校地の土地・建物は、すべて国有財産を借用していました。そのため改修・新設等については、その都度名古屋財務部（1950年5月東海財

写真14 開校当時の鷹来校舎

務局に名称変更）の同意を得る必要があり、不自由な点も少なくありませんでした。学校法人名城大学としては、可能であるならば土地・建物の払い下げを受けて、法人の所有とすることを望んでいました。しかしながら資金的余裕もなく、借用のまま経過していました。

　戦後の復興が進むにつれて、この広大な土地は各方面から注目されるようになりました。この土地を転用しようとする動きも、いろいろと現れてきました。1951（昭和26）年10月頃より、米駐留軍小牧飛行場拡張計画に関連して、その施設候補地として鷹来工廠跡地接収の噂も流れてきました。しかしこれは不発動に終わっています。1956（昭和31）年7月には、自衛隊への接収という話も持ち上がりました。しかしこれに対しては、学内外から接収をやめてほしいとの陳情がなされ、結局、接収はされないことになりました。

　他方、名城大学は、1954（昭和29）年から（創設者一族と教職員との対立による）学園紛争が長く続いたこともあり、払下げ問題に対して何の対応もできない状態にありました。そして1960（昭和35）年8月には、この土地のうちの中間未開放地区を東洋プライウッド株式会社に払い下げることが、国有財産東海地方審議会において了承されました。1963（昭和38）年には、農場隣接中央部の土地442,200㎡が、松下電器株式会社に払い下げられました。

　1966（昭和41）年、名古屋市水道処理場の敷地問題が持ち上がり、南

側地区を充実することを条件に、北側地区 108,900 ㎡のうち 75,900 ㎡が処理場となりました。さらに、残る土地のうち 33,000 ㎡が鷹来中学の敷地として使われることとなりました。

その後、1968（昭和 43）年末から翌年の初めにかけて、農学部は天白校地に移転します。そして、残った南側地区 174,900 ㎡が、「名城大学払い下げ予定地」のまま、国に賃料を払って附属農場として使用されるに至りました（『名城大学 75 年史』128 ページ）。

開設当初 759,000 ㎡余であった広大な敷地は、34 年間が経過した 1984（昭和 59）年には南側地区 174,900 ㎡となりました。このうち最南部の 38,058 ㎡は、春日井市総合体育館および運動場敷地に払い下げられ、残りは 136,842 ㎡となりました。

1985（昭和 60）年 8 月 20 日、最後に残った 136,842 ㎡の土地について国との間で売買契約が成立し、名城大学にとっては待望の校地取得が実現します。これで鷹来の土地問題はようやく終結するに至りました（現在の校地は、7 ページの図 3 参照）。

（4）鷹来から天白への学部移転、そして附属農場

農学部の鷹来校地から天白校地への移転問題に関して、学部内には「農場から離れること」を心配する声もありました。しかし学生の代表も交えて、何回となく熱心な討論が行われた結果、1966（昭和 41）年 4 月末に移転賛成で意見が統一されました。この農学部移転は、農学部の歩みの中では画期的出来事でした。施設・設備も充実して、学部の意気も高揚し、さらなる躍進を目指して歩み始めるきっかけとなりました。

前述のとおり附属農場は、1950（昭和 25）年 4 月、名城大学農学部の創設に伴って設置されました。当初は広大な敷地でしたが、周辺の工業化に伴い縮小を余儀なくされ、現在、農場として利用されているのは 99,000

㎡です。面積は縮小されましたが、普通畑、水田、果樹園、花き畑、茶園、飼料畑、放牧地、造園畑、樹林地などとなり、農場実習教育の場として利用されています。また附属農場は、社会教育関係団体への講師派遣、近隣住民に対する農産物の販売、見学者の受け入れ、近隣スポーツ団体の要請に対するグラウンドの開放などを通じて、広く社会とも関わっています。

　名城大学農学部はこの鷹来校地を活用しながら、21世紀の大きなテーマ「生命・食料・環境・エネルギー」に取り組んでいます。

参考文献一覧

春日井の戦争を記録する会編集・発行『5トン爆弾を投下せよ！』1991年

学校法人名城大学75年史編纂委員会編『名城大学75年史』学校法人名城大学、2001年

工藤洋三・金子力著・発行『原爆投下部隊——第509混成群団と原爆・パンプキン——』2013年

戦争と平和の資料館ピースあいち編集・発行『ピースあいちブックレットNo.1 名古屋空襲と空爆の歴史——いま平和を考えるために——』2012年

第一復員省資料課『全国主要都市戦災概況図』春日井市、1945年12月

都市計画愛知地方委員会『春日井都市計画区域一般図』1947年

豊田英二『決断——私の履歴書——』日本経済新聞社、1985年

Eiji Toyoda（豊田英二）, *Toyota : Fifty Years in Motion*, Kodansha International, 1987

豊田市平和を願い戦争を記録する会編集・発行『私は模擬原子爆弾パンプキンをトヨタへ投下した：フレデリック・C・ボックの書簡——紹介と解説——』2005年

名古屋陸軍造兵廠記念誌編集委員会編『碑の建立と思い出』名古屋陸軍造兵廠記念碑建立委員会、1980年

名古屋陸軍造兵廠史編集委員編『名古屋陸軍造兵廠史・陸軍航空工廠史』名古屋陸軍造兵廠記念碑建立委員会、1986年

『大阪朝日新聞』1940年12月6日

『春日井時報』第2巻13号、1944年7月1日

『郷土史かすがい』22号、1984年3月

『工業統計表』（各年版）

＊『工業統計表』は、戦後は通商産業省、経済産業省などが編集してきましたが、このブックレットが対象とする時期は、担当が異なります。また、昭和13年版までは『工場統計表』という名称でした。
　時系列で見ると、次のような課による編纂となっています。

　　昭和8年版（昭和10年発行）～昭和13年版（昭和15年発行）
　　　　　　商工大臣官房統計課
　　昭和14年版（昭和16年発行）商工大臣官房調査課

昭和 15 年版（昭和 17 年発行）～昭和 16 年版（昭和 18 年発行）
商工省総務局調査課
昭和 17 年版（昭和 19 年発行）軍需省總動員局動員部第三課

そして昭和 14 年版、15 年版、16 年版の表紙の右上、17 年版の表紙の左上には、
秘 と記されています。さらに昭和 16 年版、17 年版は、中表紙の前のページに
下記のような注意書きまであります。

取扱注意
本書ハ時局ニ鑑ミ 秘 扱ヲ以テ刊行シタルモノニ付
其ノ取扱ニ關シテハ特ニ注意セラレタシ

工業統計が次第に軍事的機密情報となっていったことがうかがわれます。

【著者略歴】

渋井　康弘（しぶい　やすひろ）
1960 年　東京都生まれ
1992 年　慶應義塾大学大学院経済学研究科後期博士課程単位取得満期退学
1993 年　名城大学商学部講師
現　在　名城大学経済学部教授

金子　力（かねこ　つとむ）
1950 年　大阪府生まれ　龍谷大学文学部史学科卒業
愛知県春日井市立中学校に 36 年間勤務
博物館相当施設「戦争と平和の資料館ピースあいち」運営委員
春日井の戦争を記録する会代表
共 著
春日井の戦争を記録する会『5 トン爆弾を投下せよ！』1991 年
春日井の戦争を記録する会『模擬原爆と春日井』1995 年
工藤洋三・金子力『原爆投下部隊』2013 年
一般社団法人高座『二反田池』2015 年
『戦時下・愛知の諸記録 2015』2015 年

大脇　肇（おおわき　はじめ）
1956 年　愛知県名古屋市生まれ。
1979 年　名城大学商学部一部商学科卒業後、母校に奉職
事務局管財課、附属高等学校進路指導部、理工学部、総合研究所研究支援室、
大学院総合学術研究科、学術研究支援センター、校友会専務理事、学務センター
事務部長、経営本部副経営本部長、ナゴヤドーム前キャンパス統括副経営本部
長、障がい学生支援センター事務部長を経て現在、事務局次長、施設部事務部
長併任

シリーズ ふるさと春日井学 2

名古屋陸軍造兵廠 鷹来製造所

春日井から見た "まちづくり・大学づくり・ものづくり"

2020 年 8 月 14 日 初版第 1 刷発行
2024 年 1 月 24 日 第 2 版　　発行

著　　　者　渋井康弘、金子 力、大脇 肇

発 行 所　株式会社 三恵社

　　　　　　〒462-0056　愛知県名古屋市北区中丸町 2-24-1

　　　　　　TEL. 052-915-5211　　FAX. 052-915-5019

ISBN 978-4-86693-270-5　C0021